Der Mann mit Luftballons: Ideale! Kauft Ideale!

Aphorismen von
Christian Morgenstern

Der Mann mit Luftballons: Ideale! Kauft Ideale!

Aphorismen von Christian Morgenstern

mit Illustrationen von Doreen Steinke

Steffen Verlag

Von hundert,
die von
„Menge"
und „Herde"
reden, gehören
neunundneunzig
selbst dazu.

Was mir
„Patriotismus" ist?
Ein Gefühl, das
zehn andere frißt.

Eine der
größten Unverfrorenheiten
des Menschen ist, dies
oder jenes Tier mit Emphase
falsch zu nennen, als ob
es ein noch falscheres Wesen
gäbe in seinem Verhältnis
zu den andern Wesen
als der Mensch.

Des Krieges Eltern heißen
Schwachsinn und Trägheit.

Zeige mir, wie
du baust,
und ich sage dir,
wer du bist.

Es ist unbeschreiblich,
auf was alles die Menschen
nicht kommen.

Wer sich nicht
selbst verspotten kann,
der ist fürwahr
kein ernster Mann.

Zitate sind Eis für jede
Stimmung.

Vom höchsten
Ordnungssinn ist nur ein
Schritt zur Pedanterie.

Wenn jeder bei sich anfinge,
wäre die schönste Zukunft
gesichert.

Der moderne
Mensch
„läuft"
zu leicht „heiß".
Ihm fehlt zu
sehr das
Öl der Liebe.

Nur der Erkennende lebt.

Jeder Künstler tötet
zehn folgende (Dilettanten).

Der Körper
ist der Übersetzer
der Seele ins Sichtbare.

Zugleich
aus dem Leben
gegriffen und
zugleich typisch – das
ist höchste Kunst.

Niemand
ist zu gut für diese Welt.

Alles, im Kleinen und Großen, beruht auf Weitersagen.

Genau betrachtet, ist alles Gespräch nur Selbstgespräch.

Wie ist jede – aber auch jede – Sprache schön, wenn in ihr nicht nur geschwätzt, sondern gesagt wird!

Die meisten Menschen sprechen nicht, zitieren nur. Man könnte ruhig fast alles, was sie sagen, in Anführungsstriche setzen.

Worte sind wie Rettungsringe, die dem Leben dienen; auf den tiefen Grund der Dinge kommst du schwer mit ihnen.

Zu Haus
in meiner Träume
Welt, wie
hab ich ihn mir
vorgestellt!
Doch ach,
wie ganz betrog
ich mich:
Der Esel sieht
ja aus wie ich.

Je ernster ein Kritiker
seine Kritik nimmt,
desto kritischer wird er
seinen Ernst nehmen.

In dem Maße,
wie der Wille und
die Fähigkeit
zur Selbstkritik steigen,
hebt sich auch das
Niveau der Kritik
am andern.

Lieblose Kritik
ist ein Schwert, das
scheinbar den
anderen, in Wirklichkeit
aber den eigenen
Herrn verstümmelt.

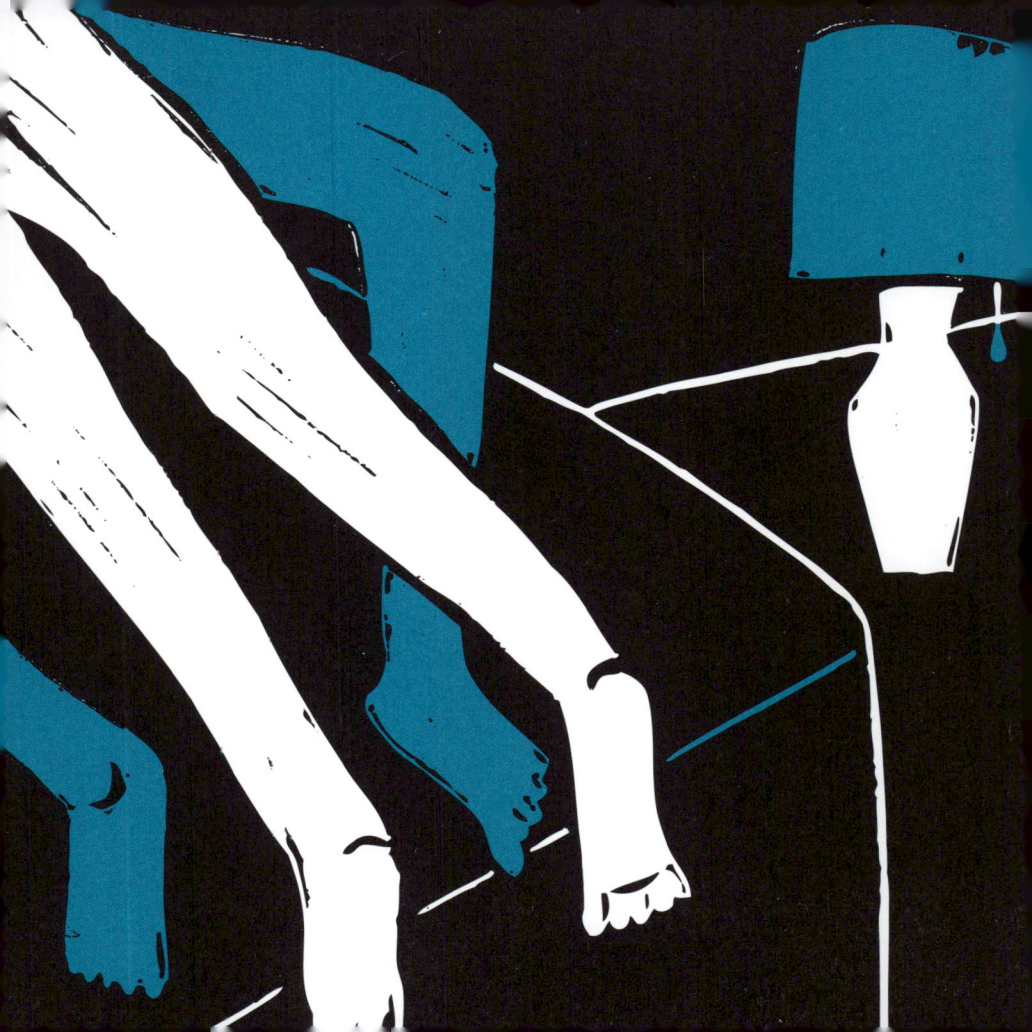

Nichts macht
das Leben ärmer,
als anfangen
und abbrechen.

In vielen Fällen
wäre der gerade Weg der
kürzeste – zum Verderben.

Vorsicht und Mißtrauen
sind gute Dinge, nur
sind auch ihnen
gegenüber Vorsicht und
Mißtrauen nötig.

Ja – nein:
geistiges Strickziehen.

Philosophie:
Schwimmgürtel, gefügt
aus dem
Kork der Sprache.

Manche Menschen
machen sich
vor anderen so
klein wie möglich,
um größer als
diese zu bleiben.

Es ist merkwürdig, daß
ein mittelmäßiger Mensch
oft vollkommen recht
haben kann und doch
nichts damit durchsetzt.

Der Welt
Schlüssel heißt Demut.
Ohne ihn ist
alles Klopfen, Horchen
und Spähen umsonst.

Das ist meine allerschlimmste
Erfahrung: Der Schmerz
macht die meisten Menschen
nicht groß, sondern klein.

Es ist mit
der Weltenuhr
wie mit der
des Zimmers.
Am Tage
sieht man sie
wohl, aber hört
sie fast gar nicht.
Des Nachts
aber hört man
sie gehen wie
ein großes Herz.

Das Leben
ist die Suche des Nichts
nach dem Etwas.

Es gibt nichts
Sinnverwirrenderes,
als eines Tages
zu entdecken, daß
man als der und
der lebt.

Alles Festlegen verarmt.

Wer
das feine Ohr
für den Souffleur hat,
sieht die
Geschichte der
Menschheit anders an.

Was ist das erste,
wenn Herr
und Frau Müller
in den
Himmel kommen?
Sie bitten um
Ansichtskarten.

Schlachtfelder
sind wir
allesamt, auf denen
Götter
sich bekriegen.

Glaube
ist nur wahrer Glaube
als von keinem
Gedanken entweihtes
Gefühl Gottes.

Was ist der Mensch?
Die Tragödie Gottes.

Gott schauen ist Tod,
das wußten alle Völker.
Gott erraten ist Leben.

Jeder
muß sich selbst
austrinken
wie einen Kelch.

Wer sich selbst treu bleiben
will, kann nicht immer
anderen treu bleiben.

Ich möchte glücklich sein,
um glücklich machen
zu können. Kein Glück
ohne Gast.

Ihr anderen werdet sicherer
immerdar. Ich werde
fragender von Jahr zu Jahr.

Über den Wassern deiner
Seele schwebt unaufhörlich
ein dunkler Vogel: Unruhe.

Das Ich ist die
Spitze eines
Kegels, dessen
Boden das All ist.

Unser Begreifen ist Schaffen.

Sei mit dir nie zufrieden,
außer etwa episodisch, so daß
deine Zufriedenheit nur dazu
dient, dich zu neuer
Unzufriedenheit zu stärken.

Übung ist alles,
und insofern
ist Genie Charakter.

Beim Menschen ist
kein Ding
unmöglich, im Schlimmen
wie im Guten.

Es gibt für Unzählige nur ein
Heilmittel – die Katastrophe.

Der Ironiker
ist meist
nur ein
beleidigter
Pathetiker.

Alles Pathos
ist verdächtig.

Wenn das Individuum – wie
Hebbel sagt – letzten
Endes komisch ist – und es
ist komisch –, so ist die
Tragödie die höchste Form
der Komödie.

Wer nicht auch böse
sein kann – kann
der wirklich tief sein?

Mit keinem Köder fischt
Mephisto so glücklich
als mit allem, was im
Engeren und Weiteren
unter den Begriff des
Schlagworts fällt.

Es ist schmerzlich, einem Menschen seine Grenzen anzusehen.

Wer sich überhebt, verrät, daß er noch nicht genug nachgedacht hat.

Es gibt kaum eine größere Enttäuschung, als wenn du mit einer recht großen Freude im Herzen zu gleichgültigen Menschen kommst.

Daß Güte (z.B.) nicht Schwäche sein könne, behauptet niemand, daß sie es sei, nur ein Tor.

Es gibt keine Seele, die nicht ihr Wattenmeer hätte, in dem zu Zeiten der Ebbe jedermann spazierengehen kann.

Willenspassion
und Heiterkeit
vertragen
sich nur sehr
zeitweilig.

Ich möchte nicht leben,
wenn ich nicht lebte.

Wenn man zum Leben
ja sagt und das
Leben selber sagt zu
einem nein, so muß
man auch zu
diesem Nein ja sagen.

Lachen und Lächeln
sind Tor und Pforte,
durch die viel Gutes in
den Menschen
hineinhuschen kann.

Man hat nie nur
einen Grund zu einer
Handlung, sondern
hundert und tausend.

Nicht da
ist man daheim,
wo man seinen
Wohnsitz hat,
sondern wo
man verstanden
wird.

Weisheit ist eine Sache
des Temperaments.
Darum kann man Weisheit
nicht lehren, nur zeugen.

Ihr wollt alle nur die Liebe
zur Möglichkeit haben.
Ich habe nur die Liebe zur
Unmöglichkeit.

Es gibt Menschen, die sich
immer angegriffen
wähnen, wenn
jemand eine Meinung
ausspricht.

Die zur Wahrheit
wandern, wandern allein.

Wenn ich so die kleinen Dampfer die riesigen Kähne vorüberschleppen sehe, muß ich immer an den Dichter und das Publikum denken.

Wenn ich
so die kleinen
Dampfer die
riesigen Kähne
vorüberschleppen
sehe, muß ich
immer an den
Dichter und das
Publikum denken.

Als ob Kunst
nicht auch Natur wäre
und Natur Kunst!

Von sich zurückzutreten
wie ein Maler
von seinem Bilde – wer
das vermöchte!

Alles öffentliche Leben
ist wenig mehr als
ein Schauspiel, das der
Geist von vorgestern gibt,
mit dem Anspruch, der
Geist von heute zu sein.

Eine Karikatur
ist immer bloß einen
Augenblick wahr.

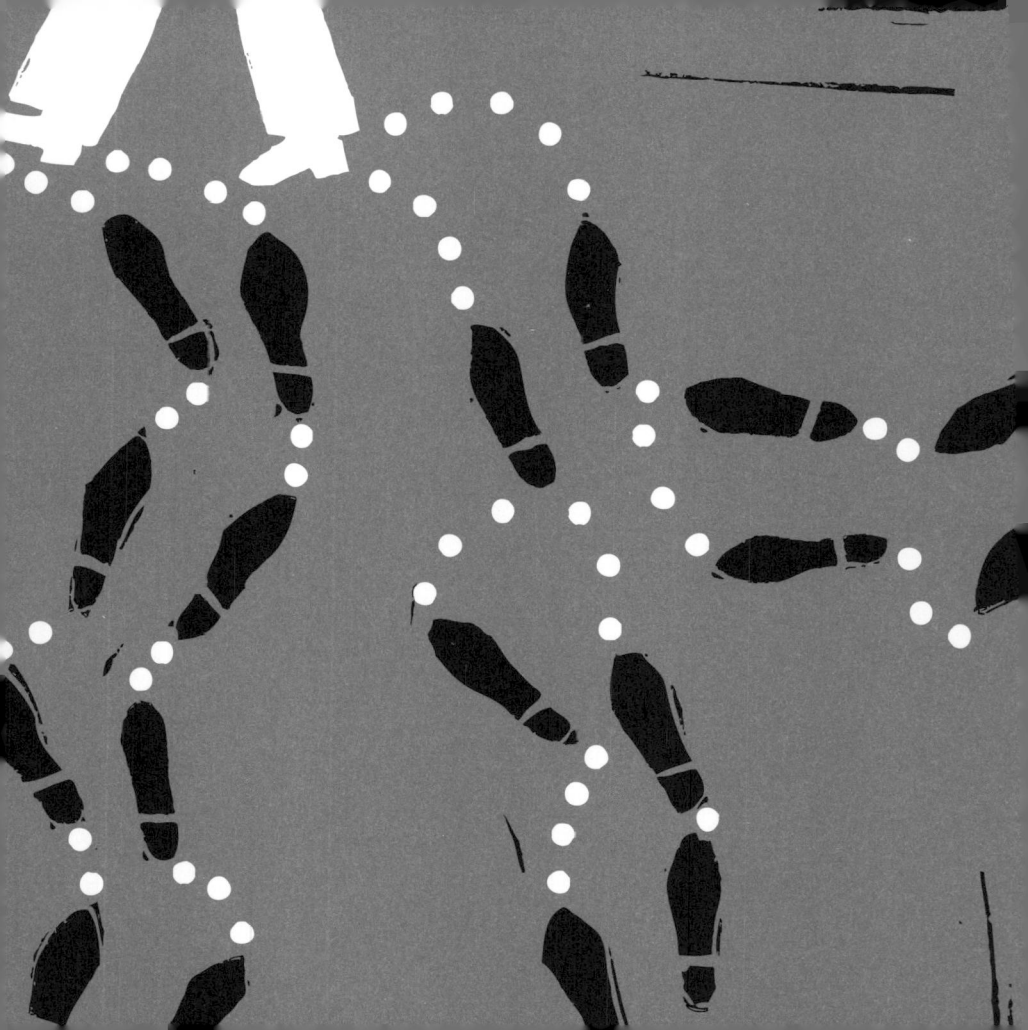

Ein Hauptzug aller
Pädagogik:
Unbemerkt führen.

Ein Verallgemeinern
ist oft ein Verkleinern.

Der eine lebt, der
andere schreibt sich aus.
Das erste Dokument der
Kultur war – ein Tagebuch.

Manche Leute
müssen über ihre
Dummheit durchaus
öffentlich quittieren.

Es ist das Interessante an
Büchern, über denen man
eigentlich den Verstand
verlieren müßte, daß
man durch sie vielmehr an
Verstand gewinnt.

Dein Sein gilt,
nicht
dein Schein.

O Mensch!
Das Geld ist nur Chimäre!

Da sie nur Lehrer
für 600 Mark sich leisten
können, bleiben die Völker
so dumm, daß sie sich
Kriege für 60 Milliarden
leisten müssen.

Einen Krieg
beginnen, heißt nichts
weiter, als einen
Knoten zerhauen, statt
ihn aufzulösen.

Was braucht
ein Volk für Gönner?
Wahrheit-sagen-Könner.

Ich will den
Menschen
nicht
schiffbrüchig
sehen, aber
er sollte dessen
bewußt sein,
daß er
auf einem
Meere fährt.

Dankbarkeit und
Liebe sind Geschwister.

Es gibt
keine wohlfeile Liebe.

Der Geist
baut das Luftschiff,
die Liebe aber macht
gen Himmel fahren.

Es gibt
keine Grenzen der Dinge.

Die meisten Menschen
verdunsten einem wie
ein Wassertropfen in der
flachen Hand.

Ein wirklich eigener Gedanke aber ist immer noch so selten wie ein Goldstück im Rinnstein.

Eines bleibt keinem Philosophen erspart: Das Offene-Türen-Einrennen. Dreiviertel seiner Kraft geht darauf flöten.

Man sieht Nietzsche ins Auge und weiß, wo das Ziel der Menschheit liegt.

Es gibt Menschen, welche Schlagworte wie Münzen schlagen, und Menschen, welche mit Schlagworten wie mit Schlagringen zuschlagen.

Ich habe
heute ein paar
Blumen für dich
nicht gepflückt,
um dir ihr Leben
mitzubringen.

Es gibt nur einen
Fortschritt, nämlich
den in der Liebe.

Schön ist eigentlich
alles, was man
mit Liebe betrachtet.

Es gibt in Wahrheit
kein letztes Verständnis
ohne Liebe.

Es ist schön, zu
denken, daß so viele
Menschen heilig sind
in den Augen
derer, die sie lieben.

Die Sterne
lauter ganze
Noten. ...
Der Himmel
die Partitur.
Der Mensch
das Instrument.

Wer die Welt nicht von
Kind auf gewohnt wäre,
müßte über ihr
den Verstand verlieren.
Das Wunder eines
einzigen Baumes
würde genügen, ihn zu
vernichten.

Schönheit ist
empfundener Rhythmus.

Dem Steigenden werden
Gärten der Schönheit
Wüsten der
Unbedeutendheit.

Enthusiasmus ist
das schönste Wort der Erde.

Die
Selbstachtung
einer
Katze ist
außerordentlich.

Wenn der moderne
Gebildete die Tiere, deren
er sich als Nahrung
bedient, selbst töten müßte,
würde die Anzahl der
Pflanzenesser ins
Ungemessene steigen.

Kinder, Tiere, Pflanzen,
da liegt die Welt noch
im Ganzen.

Die Möwen sehen alle
aus, als ob sie Emma hießen.

Weh dem Menschen,
wenn nur ein einziges Tier
im Weltgericht sitzt.

Die
Weltgeschichte
tritt voll Pein
von einem Bein
aufs
andere Bein.

Das Talent zur Disziplin
ist die Wurzel
von Preußens Größe.

Ein Diletalent.

Wer vom Ziel
nicht weiß, kann den Weg
nicht haben, wird im
selben Kreis all sein Leben
traben, kommt am Ende
hin, wo er hergerückt, hat
der Menge Sinn nur noch
mehr zerstückt.

Im Schachspiel
offenbart sich durchaus,
ob jemand Phantasie und
Initiative hat oder nicht.

Leichtsinn und Geduld, zwei weibliche Haupteigenschaften.

Man kann wohl sagen, daß das Geschlecht zwei Drittel aller möglichen Geistigkeit auffrißt.

Der Mann hat sein Ziel und das Weib hat seinen Sinn.

Inmitten unzähligem Hin- und Herreden der Einzelnen wächst still und groß das ewige Weisheitsgut der Menschen weiter.

Wir spielen unsere Gedanken gegeneinander aus, in Wirklichkeit unsere Temperamente.

Die Weltanschauungen mancher Menschen gleichen lächelnden Festungen.

Den Charakter eines Menschen erkennt man an den Scherzen, die er übel nimmt.

So klein der Winkel, so groß der Dünkel.

Einander kennenlernen heißt lernen, wie fremd man einander ist.

Jeder Feind hat doppelt Quartier, eins bei sich und eins bei dir.

Was du anderen zufügst, fügst du dir zu.

DOREEN STEINKE geboren 1976 in Brandenburg/Havel, studierte Grafik-Design an der Grafik-Design-Schule in Anklam und freie Malerei an der Hochschule für Grafik und Buchkunst in Leipzig. Sie ist freischaffende Illustratorin und Grafikerin und außerdem seit 2006 im Museum der bildenden Künste Leipzig in verschiedenen museumspädagogischen Projekten tätig.

CHRISTIAN MORGENSTERN geboren 1871 in München, studiert Volks- und Rechtswissenschaft, später Philosophie und Kunstgeschichte in Breslau. Ab 1894 lebt Morgenstern in Berlin. Er arbeitet als Schriftsteller, Redakteur und Journalist, als Herausgeber der Zeitschrift „Das Theater" und Lektor im Bruno Cassirer Verlag. Morgenstern übersetzt Werke von August Strindberg und Henrik Ibsen. Bekanntheit erlangt er mit heiter-grotesken Dichtungen wie „Galgenlieder". 1910 heiratet er Margareta Gosebruch von Liechtenstern. Morgenstern stirbt 1914 in Meran an den Folgen der Tuberkulose. Zu seinem Werk gehören Gedichte und Prosa.

AUSWAHL WEITERER BÄNDE DIESER REIHE

Jane Austen — ISBN 978-3-941683-91-4

Wilhelm Busch — ISBN 978-3-941683-61-7

Marie v. Ebner-Eschenbach — ISBN 978-3-941683-76-1

Hans Fallada — ISBN 978-3-941683-66-2

Theodor Fontane — ISBN 978-3-941683-80-8

Franz Kafka — ISBN 978-3-941683-42-6

Martin Luther — ISBN 978-3-941683-52-5

Friedrich Nietzsche — ISBN 978-3-941683-84-6

Fritz Reuter — ISBN 978-3-941683-47-1

Jedes Buch
individuell illustriert

Informationen
& Leseproben:
www.steffen-verlag.de/
lebensweisheiten

ISBN 978-3-941683-99-0

ISBN 978-3-941683-40-2

Joachim Ringelnatz

Antoine de Saint-Exupéry

ISBN 978-3-941683-85-3

Arthur Schopenhauer

ISBN 978-3-941683-20-4

Peter Tille

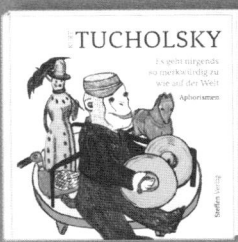

ISBN 978-3-941683-51-8

Kurt Tucholsky

IMPRESSUM

Die Deutsche Nationalbibliothek verzeichnet diese Publikation in der Deutschen Nationalbibliografie – detailierte bibliografische Daten sind im Internet abrufbar unter http://dnb.d-nb.de

2. Auflage 2019
© Steffen Verlag GmbH, 2013
Berliner Allee 38 | 13088 Berlin | Telefon 030.41 93 50 14
www.steffen-verlag.de | info@steffen-verlag.de

Illustrationen | Layout | Satz
Doreen Steinke
www.FrauZartfuss.de | post@FrauZartfuss.de

Herstellung
STEFFEN MEDIA | Friedland – Berlin – Usedom |
www.steffen-media.de

ISBN 978-3-941683-39-6